Praqueparque
PARQUES DE SÃO PAULO

Texto de Ricardo Ramos Filho
Ilustrações de Marcio Levyman

Saíra
EDITORIAL

Copyright do texto © 2023 Ricardo Ramos Filho
Copyright das ilustrações © 2023 Marcio Levyman

Direção e curadoria	Fábia Alvim
Gestão editorial	Felipe Augusto Neves Silva
Diagramação	Isabella Silva Teixeira
	Luisa Marcelino
Revisão	Paloma Quepos

Catalogação na publicação
Elaborada por Bibliotecária Janaina Ramos – CRB-8/9166

R175p

Ramos Filho, Ricardo

Praqueparque: parques de São Paulo / Ricardo Ramos Filho; Marcio Levyman (Ilustração). – São Paulo: Saíra Editorial, 2022.
  32 p. : il. ; 22cm x 22cm.

ISBN: 978-65-81295-31-8

  1. Literatura infantil. I. Ramos Filho, Ricardo. II. Levyman, Marcio (Ilustração). III. Título.

CDD 028.5

Índice para catálogo sistemático:
  1. Literatura infantil 028.5

Todos os direitos reservados à Saíra Editorial

@sairaeditorial   /sairaeditorial
www.sairaeditorial.com.br
Rua Doutor Samuel Porto, 411
Vila da Saúde – 04054-010 – São Paulo, SP

Ao Mauno, meu neto finlandês.

Parque Ibirapuera

Borboleta lá na bola.
Asas abrem, depois fecham
lentamente sobre o couro.
Abrem, fecham, se agitam.

Colorida violeta
treme, pensa e decide.
Vai, voa, venta dali.
Arrisca de cor o ar.

A bola rola na grama.
A bola rola na terra.
Rola na sola do pé,
rola no pé do menino.

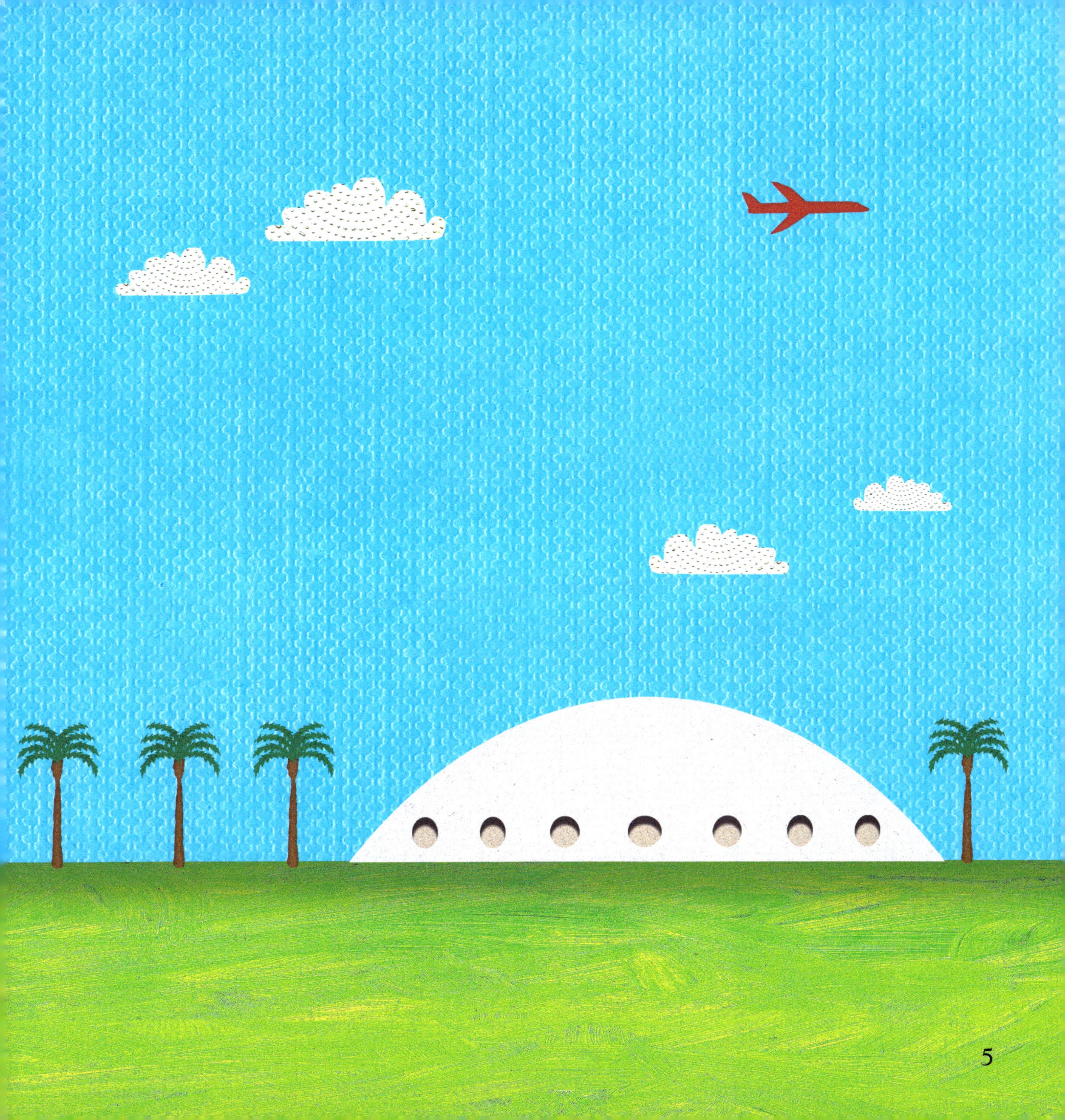

6

Parque Augusta

Perto é cheio de cinza.
As cores fogem do centro.
Prédios, carros, buzinas,
poeira, panos largados.

Sentiram falta do riso,
criança ali brincando.
Idosos e namorados.
Faltava por lá alegria.

Pensaram, deram um jeito.
Encheram espaços de vida,
verdejaram cada canto.
Decidiram inovar.

Fizeram tanto e tantas,
gente e cães agradaram.
Agora na praça tem
(vejam só!) um cachorródromo.

Parque Água Branca

Água, eu sei, não tem cor.
Nem vem que não tem, sai fora!
Dizer que a água é branca...
Então é leite, água não;
água limpa, transparente.
Nem vem, gente, venha não!
Água de beber na fonte.
Rio, cascata, cachoeira.
Água pura não tem cor.
Água pura não tem, tem?
Mas não é branca, garanto;
quando tinha, cor não tinha.
É incolor, transparente
feito lágrima escorrendo.
Só que sem sal ou tempero,
líquido sem desespero.
Água muita, transparente.

9

10

Parque Villa-Lobos

Por que o parque vira lobos?
Explica por quê, mamãe?
Não ri, faz favor, me conta!
Tem lobo mau solto aqui?
Ele comeu a vovozinha,
enganou a Chapeuzinho,
deitou na cama de touca.
Eu tenho medo, mamãe!

Por que o parque vira lobos?
Vira lobos, Villa Lobos...
O trenzinho caipira
sai apitando no parque:
Piuí, piuí, í...
O menino se alegra,
corre, esquece o medo.
O lobo mau vira música.

Parque da Independência

Independência é bom?
Deve ser, acho que sim.
Mamãe é independente,
seu orgulho não tem fim.

Ganha seu rico dinheiro
feliz trabalhando muito.
Se agita dia inteiro,
pode viver sem papai.

Não tenho independência.
Acho bom viver assim.
Dependo de todo mundo.
Papai, mamãe são por mim.

Dependência ou morte!

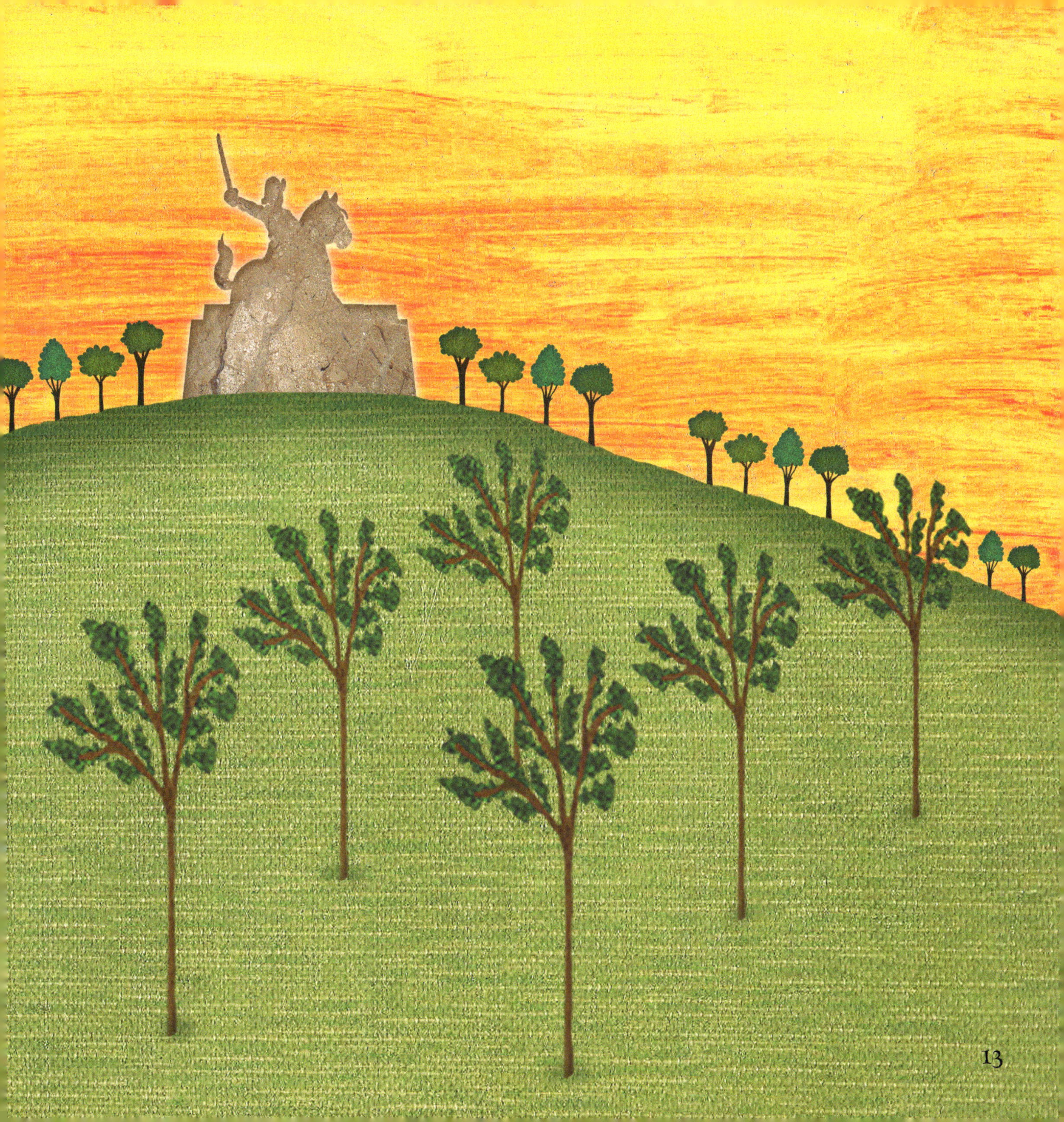

Parque do Carmo

Bosque, cerejeiras
japonesas de Okinawa.
Flores rosa forte.

15

Parque da Juventude

O passado não convinha.
Agora lá tem um parque
além de biblioteca.
Os presos de ontem não mais.
Que bom o novo destino!
Grama, bicicleta, sol,
livros, literatura,
brinquedos e brincadeiras.
O menino corre, canta,
pulando feito cabrito.
O cravo brigou com a rosa.
Terezinha de Jesus.
Gente livre, leve, solta.
Sai fora, Carandiru!

17

Jardim da Luz

A luz do jardim reluz,
sol acendendo a grama.
Poeiras brilham, ascendem.
Na rama um passarinho
brinca, se faz de cantor:
piu, piripipi, piu, piu.
Tudo ao redor em cor
no jardim que é da luz.
Cores tão fortes de flores:
rosas, cravos, margaridas.
Pétalas brancas, vermelhas,
violeta, amarelas.
A cigarra se eleva
estridente, vem chuva.
Esbarra com a formiga,
provoca a inimiga.
Venta, venta, venta muito.

Fim de tarde, fim do claro,
Jardim da Luz apagado.
Triste imerso nas sombras.

Jardim Botânico

Domingo é dia de parque,
pede família, jardim.
Quer alargar um sorriso,
pular, brincar sem ter fim.

E, lá no Jardim Botânico,
árvores, aves, canários,
tucano-de-bico-verde,
bugios, saguis, orquidários.

Domingo é dia de sol,
nosso parque da cidade.
Todo esplendor da vida
na biodiversidade.

A gente brinca, se diverte
no jardim que é da planta.
Nesse mundo colorido
corre, se espalha, canta.

21

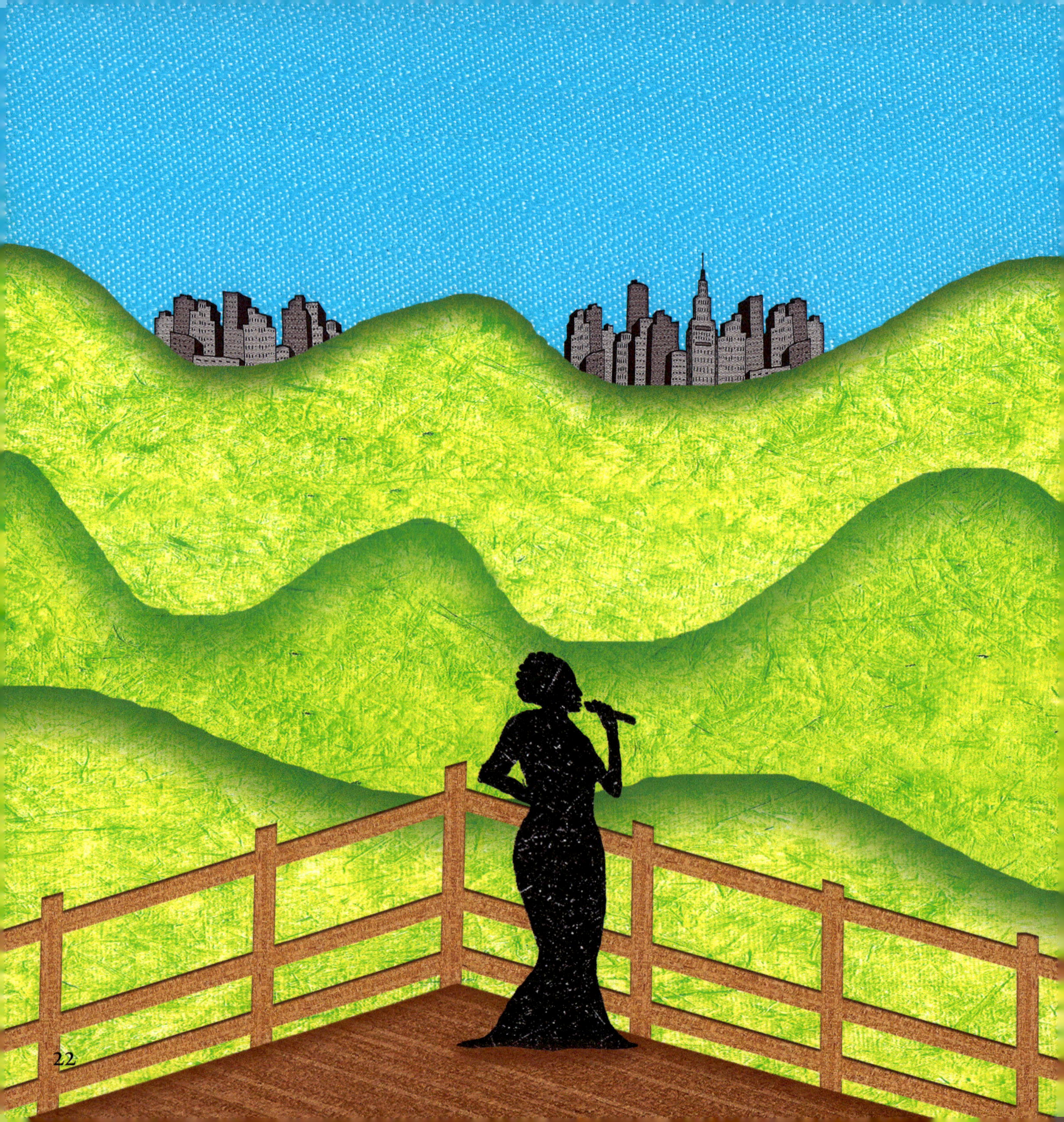

Parque Estadual da Cantareira

Vamos lá na Cantareira? —
A mãe entusiasmada.
No Parque da Cantareira! —
Júlia trouxe a ideia.
Catita ficou feliz,
gostava de novidade.
Quis logo conhecer a dona
daquele parque cantora.
Mulher de bem com a vida.
Cantora feliz Cantareira.

Parecia tudo de bom.
A menina quis, então,
passar a tarde cantando.
Ela e a Cantareira.
Foi procurar o pandeiro.

Parque Ecológico do Tietê

Será que o rio ri?
Não o rio Tietê.
Ele chora de espuma,
todo sujo, todo branco,
boiando poluição.

Será que o rio ri?
Não o rio Tietê.
Já foi muito mais feliz
com peixe nadando nele,
água limpa, transparente.

Será que o rio ri?
Não o rio Tietê.
Talvez volte algum dia
a ter a felicidade,
quem sabe se recupere.

Será que o rio ri?
Não o rio Tietê.
Mas só depende da gente
secar a dor desse rio,
não há mal que sempre dure.

26

Parque Estadual do Jaraguá

No Jaraguá é noite fria.
O indígena observa
a cidade espalhada,
triste no alto do pico,
inteiro senhor dos vales.
Diz em tupi-guarani:
— Yby Yby GÛASU Yby
— Mundo, mundo, vasto mundo.

Parque Ecológico Imigrantes

No carro ele dormiu
e sonhou ali menino.
O sol, a praia, o mar,
balde, pá, caminhãozinho.

Nos túneis antecipou
as férias e os primos.
Picolé, pastel, garapa,
bola, coalho, baralho.

Curvas, estrada de Santos,
Dedé sorri mergulhado
naquele sonho tão bom.
A coleção de conchinhas.

29

Sobre o autor

Sou o Ricardo Ramos Filho e nasci no Rio de Janeiro, mas vim para São Paulo ainda criança, com três anos de idade. Aqui, sou uma pessoa emotiva, cresci e pude entrar em contato com minhas paixões. Gosto de gente, dos ipês que encontramos na cidade — amarelos, brancos, roxos —, passarinhos, principalmente maritacas, livros, leitura, e de parques. Para nós, hoje me considero paulista. Os parques são a oportunidade que temos de estar ao ar livre em áreas grandes, bonitas, com muito verde, flores e sol. E, como gosto também de escrever, tanto que já publiquei muitos livros, resolvi fazer uma homenagem a esses enormes jardins que temos por aqui. São tantos, não é mesmo? Para mim eles são a nossa praia. Quem é que não gosta de se deitar na grama, olhar para o céu e ficar sonhando, pensando na vida?

Sobre o ilustrador

Sou o Marcio Levyman e nasci em São Paulo. Quando era criança, morei no bairro do Bom Retiro, bem em frente ao centenário Parque da Luz. Sou arquiteto de formação, mas sempre trabalhei com artes gráficas e como ilustrador. Já participei de várias exposições individuais e coletivas de fotografia, desenho de humor, colagem e ilustração editorial. Atualmente colaboro como ilustrador em livros, jornais e revistas.

Esta obra, que se recomenda ler em um parque, foi composta
em Futura e Hadriano e impressa em couché brilho 150g/m²
para a Saíra Editorial em 2023